Le Bouddhisme

Mener une vie équilibrée entre bonheur et pleine conscience grâce au Bouddhisme

de Michel Lambert

ISBN:1718838743
ISBN-13:9781718838741

TABLE DES MATIERES

Michel Lambert

CHAPITRE 1
TU PEUX DEVENIR UN BOUDDHA SANS ETRE TOI-MEME BOUDDHISTE

Nous rêvons tous d'une vie plus simple, plus comblée, d'une vie qui a du sens et nous souhaitons tous résoudre plus facilement nos problèmes grâce à des méthodes différentes.

Souvent, en effet, nous sommes conscients que les solutions que nous choisissons ne sont qu'illusoires, que c'est par fainéantise que nous faisons des compromis et que nous cherchons notre salut dans l'accumulation des richesses. Pourtant, pour la plupart, cela ne nous rend pas heureux. En effet, comme Siddharta Gautama Bouddha l'a historiquement reconnu il y'a plus de 2500 ans, ce ne sont pas les biens matériels, ni l'apparence ou l'épanouissement sexuel qui nous rendent durablement heureux. La difficulté est en effet la suivante : tout ce qui doit nous rendre heureux est éphémère. C'est pourquoi le passé apparaît comme un thème central du bouddhisme. Nous autres les hommes pouvons bien accumuler les honneurs, les titres ou les postes importants, mais à la fin de notre vie, rien de tout cela ne pourra être emporté. Au contraire, nous en paieront le prix.

Ce simple fait ne serait pas nécessairement un argument contre l'accumulation de biens, de postes, de beaux objets ou de titres. On peut s'amuser longtemps avec de telles choses, se sentir très important aussi. Mais on peut surtout se ruiner financièrement. Ainsi, les hommes dans les pays développés sont toujours à la recherche de nouvelles choses qui seraient censées les rendre plus heureux. Cela peut leur permettre d'être heureux, certes, mais seulement pour un court moment, et non de manière durable.

Bientôt sort le nouveau smartphone, ou encore le nouveau vélo. On voudrait utiliser les objets tout dernier cri des stars. Pour cela, on est capable de se couper de la nature ou ne plus trop faire attention à d'autres choses importantes. Le secret du bonheur du Bouddhisme réside autre part : en soi-même. Mais pour cela il est nécessaire d'apprendre tout d'abord à mieux se connaître.

CHAPITRE 2
QU'EST-CE QUE LE BOUDDHISME?

Dans l'ensemble, le bouddhisme est reconnu comme une religion d'envergure mondiale. Pourtant, c'est avant tout une philosophie religieuse. Ce sont les petites gens des pays traditionnellement bouddhistes qui, les premiers, l'ont érigée au statut de religion universelle. Cette religion est dotée, outre d'une myriade de dieux tous plus impressionnants les uns que les autres, de nombreux rites variant selon la localité.

Pour ce qui est de l'étude en profondeur de la philosophie bouddhiste, elle est réservée au « clergé », c'est-à-dire principalement à l'ensemble des moines.

Les autres s'adonnent à un bouddhisme dit « populaire » qui se pratique de manière différente selon les pays. C'est ce qu'il y a d'étonnant dans cette philosophie vieille de plus de 2500 ans : elle possède une impressionnante capacité d'adaptation.

Autre fait remarquable c'est l'efficacité avec laquelle cette religion s'est répandue en presque 3 millénaires ! C'est pourquoi il est certain qu'il y a quelque chose de profondément universel et intemporel dans cette philosophie. Et c'est ce qui est absolument fascinant !

Voyez donc à quelle vitesse les objets des temps modernes deviennent obsolètes, remplacés en un rien de temps par d'autres inventions. Le bouddhisme, lui, fonctionne de la même manière depuis près de 2500 ans ! Voire, il apparaît même, grâce à certains professeurs occidentaux, toujours plus actuel et revitalisant.

Les sciences modernes telles que la physique quantique permettent désormais de confirmer une partie des principes millénaires du Bouddhisme.

Grâce aux nouvelles technologies, les chercheurs peuvent même mettre en évidence les ondes se propageant dans le cerveau d'une personne qui médite. De ce fait, on peut désormais démontrer empiriquement que le cerveau se laisse remodeler lors de l'exercice de la méditation.

Plusieurs lamas tibétains sont morts de cancers. Ils ne semblaient pourtant pas se préoccuper grandement de leurs maux, ni même souffrir ! Pouvons-nous, nous aussi, accéder à cette sérénité ? Oui, en abandonnant nos peurs et nos souffrances, en cessant de nous identifier à elles. Nous nous devons de les prendre au sérieux mais également de les écarter de notre vie afin de ne pas se laisser envahir par la souffrance.

Même dans les pays industrialisés, le bouddhisme rassemble de fervents adeptes grâce à son enseignement qui aborde des sujets qui nous préoccupent tous. Une des raisons de cet engouement, c'est que, de plus en plus, nous devons faire face à une absence de perspectives, un malaise perpétuel, l'impression d'une vie dénuée de sens, une angoisse croissante… Il nous manque de plus en plus cette connexion spirituelle, cette profondeur spirituelle qu'offre le bouddhisme.

La jeune génération se perd dans des relations Facebook superficielles. Beaucoup de personnes vivent isolées, recluses dans des villes bétonnées, s'attelant quotidiennement à des tâches dont ils ne voient ni le sens ni l'intérêt et se replient chaque jour un peu plus sur elles-mêmes.
Dans ce monde hyper-connecté, la souffrance est devenue invisible.
Notre modèle de vie court à sa perte, que nous le voulions ou non.

Pour certains, la misère et les conflits apparaissent de plus en plus comme étant sans issue. D'autres pensent fatalement qu'on ne peut plus rien y changer. Et pourtant, comme disait Bouddha, on peut déjà commencer par se changer soi-même. Le monde prendrait une toute autre tournure si chacun commençait par lui-même.

Bien qu'il semble y avoir mille courants de pensée bouddhiste (un tibétain, un européen ou encore un japonais…), tous suivent pourtant le seul enseignement de Gautama Bouddha. C'est pourquoi vous n'êtes pas obligés de vous convertir religieusement au bouddhisme pour suivre l'enseignement de Bouddha, car celui-ci se veut avant tout universel et accessible à tous. Vous pouvez par exemple vous servir de son enseignement comme base pour changer votre vision du monde. Au début, cela suffit de reconnaître partiellement que l'enseignement de Bouddha est utile et conduit à la vérité.

CHAPITRE 3
QUI ETAIT EN REALITE BOUDDHA?

Il y a de cela 2500 ans vivait en Inde le fils d'un roi du nom de Siddhârta Gautama. Celui-ci était tenu à l'écart de tout par des parents aimants souhaitant lui éviter la peine et la souffrance. Il devait être heureux de son palais royal, entourés d'invités de marque. Siddharta ne connaissait ni la douleur, ni la perte, ni la maladie et ni la déchéance.

Un jour que le jeune Gautama se tenait devant la porte du palais et observait le monde pendant une durée plus longue que de coutume, il s'aperçut avec effroi que la vie des autres habitants était tout à fait différente de ce qu'on lui avait raconté. Il quitta, choqué, la maison familiale ainsi que sa jeune épouse qui avait pourtant mis au monde son fils aîné. C'est ainsi que Siddharta se lança, en tant que moine-mendiant, dans le vaste monde. Il souhaitait mettre fin à la souffrance qu'il observait tous les jours du seuil de son palais. Comment aurait-il pu être heureux alors qu'au dehors personne ne l'était?

Siddharta s'entoura alors de moines itinérants, d'hommes sages et d'érudits afin d'apporter des réponses à ses questions concernant la résolution de tels problèmes. Il s'isola (vécut donc célibataire) et, comme de coutume, entama un jeûne qu'il poursuivit jusqu'à ressembler à un squelette et donc ne plus pouvoir continuer. Enfin, il commença à méditer sous un arbre. Il se jura de ne se relever qu'une fois qu'il aurait trouvé des réponses.

Après des heures et des jours, des idées lui apparurent que personne n'avait jamais eues ni formulées. Il lui apparut qu'il ne changeait rien que quelqu'un souffrit ou non de ce qu'il a ou de ce qu'il lui manque.

Siddhartha comprit en quoi consistait la souffrance, ce que cela déclenche et comment on peut y mettre un terme. Comme ingrédient principal de toutes les souffrances humaines, il identifia l'attachement. Par cela, il entendait la cupidité et l'exigence absolue de choses bien particulières. A partir de là, il fut reconnu comme un Eclairé, comme Bouddha. D'abord il douta que son enseignement puisse être compris par d'autres. Mais, très vite, il trouva des manières et des moyens d'instruire tous les hommes, peu importe leur niveau intellectuel ou leur éducation. Il enseigna jusqu'à la fin de sa vie.

CHAPITRE 4
MENER UNE VIE EQUILIBREE GRACE AU BOUDDHISME

Si vous êtes obsédés par le fait de vous procurer le tout nouveau Samsung, la nouvelle Mercedes, le vélo électrique le plus cher du moment ou une maison luxueuse, mais que vous ne pouvez malheureusement pas vous le permettre, alors vous devez savoir de quoi parle Bouddha. Ce serait, en effet, tellement plus facile de simplement laisser tomber cette envie. Chacun pourrait vivre heureux avec ce qu'il possède ! Mais l'esprit humain est loin d'être aussi simple. Et il est nécessaire de s'exercer à déjouer ses pièges, à envoyer valser ses revendications et suggestions manipulatrices.

Notre esprit nous met souvent des bâtons dans les roues. C'est pourquoi, dans le bouddhisme, on parle toujours de la nécessité d'entraîner l'esprit. Or, c'est dans la méditation que l'on est capable d'observer son esprit, puis, petit à petit, on réussit à le faire un peu chaque jour, dans notre vie quotidienne. On étudie comment et grâce à quoi des sentiments tels que l'envie, la colère ou les préjugés émergent. Comment se sent on quand elles s'installent? Comment peut-on les éviter ou du moins agir dessus? Plus l'esprit est entraîné, plus nous sommes en mesure de prendre des décisions intelligentes. Ainsi, nous pouvons réagir de manière plus appropriée aux changements dans notre vie.

Il s'agit, dans le bouddhisme, d'avoir une plus grande conscience de ce qui est. De plus, pour devenir bouddhistes, vous ne devez jamais croire aveuglément. Bouddha a d'ailleurs jadis appelé à ne jamais croire ses paroles sous le seul argument que c'était lui qui les avait prononcées. Il voulait que nous comprenions grâce à nos propres observations. En ce sens, il nous faut nous plonger assez profondément dans la pensée bouddhiste pour comprendre réellement Bouddha. Au premier abord, en effet, beaucoup de termes et d'idées bouddhistes nécessitent des explications. Beaucoup, même, semblent contredire tout ce qui nous a jadis été inculqué.

Nous pouvons toutefois apprendre à remettre en question ces maximes et ces opinions. Tout ce qui nous a été enseigné autrefois relève de notre socialisation et d'un contexte social. Nous avons été conditionnés pour répondre aux exigences de notre société. Souvent nous sentons que nous vivons dans un monde chaotique, merveilleux, hypocrite, unique et contradictoire. Nous sommes incapables de trouver un point d'attache. Nous savons encore moins comment être heureux au milieu de ce chaos, cette hypocrisie, cet univers contradictoire. Mais dès que nous cherchons à nous débarrasser de l'opulence, notre égo se pose toujours en travers de notre route. C'est lui qui est à l'origine de notre conscience, de notre « sentiment du Moi », de notre vision de nous-même. C'est pourquoi nous écoutons notre égo. Mais cela crée des conflits, des problèmes et de la souffrance. Bouddha disait que nous incarnions tellement plus qu'un égo surdimensionné qui s'accroche à des idées, des personnes ou des objets donnés.

Nous pourrions vraisemblablement éviter la moitié des souffrances humaines si, par les bonnes méthodes nous devenions un peu plus intelligents de jours en jours. Cela nous rendrait sans aucun doute plus heureux. L'autre moitié des souffrances, elle, est inévitable. Chaque homme expérimente un jour ou l'autre la misère, la dégradation, le vieillissement, la maladie et la mort. La seule chose que nous puissions faire c'est d'adopter une attitude intérieure différente. Et, selon Bouddha, il ne faut surtout pas s'identifier à la souffrance. Au final, elle n'est ni omniprésente ni éternelle. Elle passera, comme toutes les autres choses qui existent.

Le concept clé du bouddhisme pour une attitude changée face à la souffrance, c'est l'indulgence. Il ne s'agit pas de pitié mais plutôt d'avoir un cœur plus ouvert donc plus à même de comprendre les nombreuses souffrances de ce monde. Tous les êtres vivants de l'univers souffrent à un moment ou un autre. Nous savons ce que cela fait et nous pouvons nous imaginer quoi changer pour nous en sortir.

Exercice n°1

Réfléchissez un moment combien de malheur, de frustration, de relations stressantes et de peines vous ont apporté un attachement excessif. Combien de souffrances cela a généré chez d'autres personnes. Ecrivez le. En y regardant de plus près, vous vous rendrez compte qu'il s'agit très souvent de peines évitables.

CHAPITRE 5
QU'EST-CE QUE LA SOUFFRANCE ET COMMENT S'EN LIBERE-T-ON?

Nous pouvons accepter plus facilement nos propres peines, nos propres problèmes et nos faiblesses dès lors que nous faisons preuve d'indulgence envers nous-même. Ainsi, les malades, entre autres, doivent docilement accepter d'être pris en charge dès lors qu'ils sont diagnostiqués. Les bouddhistes compatissent aussi avec ceux qui sont dans la nécessité de faire souffrir.

Notre vie est éphémère et on nous le rappelle constamment. Il faut avoir conscience qu'à ce moment précis, il existe des personnes exactement dans la même situation que nous. Nous ne sommes jamais seuls, jamais abandonnés à notre misère. Il y a tant de choses qui nous relient à de parfaits étrangers. Lorsque nous accordons à d'autres notre indulgence, nous nous rendons compte que notre souffrance n'est pas supérieure à celle des autres. Souvent, même, elle est inférieure.

Dans le bouddhisme on accepte ceci : Celui qui aime doit, un jour, fatalement être confronté à la douloureuse perte qui arrivera à la mort de l'être aimé. Devons-nous de ce fait cesser d'aimer? Au contraire, nous nous devons juste de reconnaître le coût et l'aspect éphémère de toute chose et, de ce fait, les chérir encore plus.

Nous ne savons jamais combien de temps l'amour nous réserve, ni combien de temps notre vie durera. Il y a de nombreuses raisons d'être heureux avec ces dons de valeur que sont la vie ou l'amour. Mais à quoi servirait donc la voiture la plus chère si l'on ne se sent pas aimé?

La souffrance provient toujours de l'attachement par exemple lorsque l'on exige une chose qui n'arrive jamais. Le socle de la souffrance réside donc dans notre esprit. C'est pour cela que lui seul peut l'éliminer. Nous pouvons réduire notre souffrance en :

- Reconnaissant notre attachement
- Apprenant à le comprendre, lui et ses origines
- Accompagnant nos besoins avec indulgence
- Reconnaissant notre socialisation comme fondamentale mais pas immuable
- Ne nous jugeant ni comme faible ni comme médiocre
- S'exerçant à diminuer partiellement nos attachements dans le futur

Comme évoqué précédemment, il s'agit d'un travail et d'une prise de conscience. Cela implique une aptitude, une préparation intérieure au changement et une indulgence avec soi-même dès lors que l'on n'atteint pas l'objectif que l'on s'était fixé.

Les bouddhistes ne doivent ressentir aucun sentiment de culpabilité lorsqu'ils commettent à nouveau des erreurs. Ils doivent faire preuve de compréhension pour tous ceux qui en commettront également. Prenez le bouddhisme comme exemple. Ne condamnez pas les autres personnes. Accompagnez chacun avec bienveillance.

Même les professeurs de méditation les plus connus s'y exercent encore. Les livres de professeurs de méditation émérites tels que ceux de Jack Goldstein, Jack Kornfield ou Sylvia Boorstein sont, pour cette raison, une vraie bouffée d'oxygène. Dans leurs écrits et séminaires, on les entend quelque fois parler ouvertement de leurs propres faiblesses et insuffisances. Même ces personnes n'ont pas encore réussi à éliminer de leur vie tout ce qu'elles avaient pourtant identifié comme gênant et mauvais.

Et pourtant, à n'importe quel moment, la possibilité de méditer est là. Entraîner un esprit récalcitrant demande une réelle gymnastique mentale, une force d'esprit et de la persévérance. Notre esprit est l'arène dans laquelle se déroulent les combats et les accidents à l'entraînement. Et, avec une conscience de plus en plus grande, notre esprit ne peut que s'éclaircir. Nous laissons passer les nuages sans même que nos pensées ne s'en imprègnent. Nous ressentons au fur et à mesure une sérénité et un calme intérieur plus grands.

Les personnes qui méditent sont plus recentrées sur elles même. Elles sont plus à même de reconnaître «ce qui est ». Rien ne doit encombrer la pensée. Sylvia Boorstein l'a un jour formulé comme ceci : « Cela est ainsi et, plus tard, il y aura autre chose à la place ». Les bouddhistes évitent les extrêmes et suivent le chemin médian.

Ainsi, leurs vies suivent leurs cours tranquillement, de manière tout à fais raisonnable, sans effectuer de double-looping.

Pour surmonter les obstacles de la vie, il est important de se soutenir soi-même et de s'aimer tel que l'on est. Ayez conscience que vous êtes comme vous êtes et que cela est bien ainsi. Retenez également que chaque homme est différent mais que tous ont des difficultés et des problèmes. Vous n'êtes donc pas seuls.

A cet égard, nous devons apprendre à lâcher prise pour mettre un terme à la souffrance qui naît de l'attachement excessif.

Exercice n°2

Lorsque vous êtes confrontés à vos faiblesses, à savoir que vous ne réussissez pas à faire ce que vous souhaitiez, ne vous rabaissez pas. Essayez plutôt de vous motiver. Dites-vous : « aujourd'hui, cela n'a pas fonctionné comme je le voulais. Pas de problème, la prochaine fois, par contre, je garantis que je ferai mieux ». En vous disant cela, vous vous rendrez compte à quel point vous serez stimulé à faire mieux la fois suivante.

Exercice n°3

Vous devez apprendre à laisser couler et à résister aux assauts répétés de l'attachement. Au prochain gros achat que vous effectuerez, réfléchissez si vous désirez réellement faire cette acquisition ou si vous ne voudriez pas plutôt garder cet argent pour d'autres choses plus importantes. Comprenez bien que les possessions matérielles ne vous rendent pas durablement heureux.

CHAPITRE 6
LES CLES POUR APPRENDRE ET S'ENTRAINER A LA PLEINE CONSCIENCE

Que comprenez-vous sous le mot « inattention »? Que peut-il se passer lorsque vous êtes inattentif? Vous marchez – avec votre IPhone ou alors en pleine dispute avec votre compagnon – au milieu de la rue sans regarder à droite et à gauche. Cela peut vous coûter la vie. Vos pensées et votre attention sont alors complètement ailleurs. Vous avez des œillères qui vous empêchent de percevoir les choses qui vous entourent.

La pleine conscience, c'est le contraire de cela. Il s'agit d'un état d'attention constante sans pour autant y engager une intention particulière. Notre perception est comme concentrée, elle s'intéresse au „Ici et Maintenant". Elle vit exactement le moment présent.

A travers la méditation, vous pouvez apprendre comment fonctionne l'attention. Sans entraînement de l'esprit, nous sommes la plupart du temps inattentifs. Combien de choses ne percevons-nous pas à cause de cela? Afin d'entraîner votre attention, voici quelques exercices à pratiquer.

Exercice n°4 :

Asseyez-vous, à un moment calme de la journée, en tailleur sur un coussin assez ferme, les yeux fermés ; et concentrez-vous uniquement sur votre respiration. Comptez : inspiration, expiration. Inspiration, expiration. Arrêtez-vous quelques instants, et pensez à autre chose.

Concentrez-vous à nouveau sur votre respiration, sans vous sentir coupable à cause du relâchement. Eloignez-vous des idées qui se sont glissées dans votre esprit. Vous vous rendrez compte, après quelques minutes, que vous vous sentez détendu, calme et détaché. Vous remarquerez combien cela vous fait du bien.

La professeure américaine et bouddhiste Thubten Chodron disait autrefois que beaucoup de gens « civilisés » se meuvent durant une grande partie de leur vie comme commandés par des pilotes automatiques. Nous sommes en effet la plupart du temps inconscients, tels des robots télécommandés. Le capitaine qui doit garder notre barque vitale en eaux sûres et dans la bonne direction, dort, bienheureux. Il est distrait par des centaines d'idées. Il n'est en fait concentré que quelques rares moments sur la navigation. On agit beaucoup de manière automatique et routinière. Et un jour on se réveille et on se demande si c'est vraiment en ça que consiste toute notre vie.

Où était alors notre attention pendant tout ce temps? Quand était-elle particulièrement grande? Pourquoi ne nous rappelons-nous presque pas de certains moments?

L'expérience montre que lorsque nous sommes amoureux, nous sommes complètement dans „l'Ici et Maintenant". Tout nous apparaît alors avec plus de couleur, magnifique, et plein de sens. Chaque moment vibre et est richement rempli. La vie pourrait – et devrait? – se ressentir plus souvent comme ça, pas vrai?

L'entraînement de l'attention en vaut la peine, car elle vous rend plus conscient, plus vivant et plus attentif sur la durée. Vous reprenez ainsi à nouveau la barre de votre barque vitale. Vous rendrez votre esprit, qui est pour l'instant éparpillé, plus conscient. Les Bouddhistes le comparent avec une radio qui bavarde sans cesse et qui commente immédiatement chaque évènement. Ils appellent aussi parfois l'esprit humain un « singe sautillant ».

Ces images doivent nous permettre de réaliser que nous sommes plus qu'une radio qui bavarde. Celle-ci couvre tous les autres instants intérieurs qui existent encore. Grâce à la méditation, vous pouvez apprendre à étudier cet animateur de radio très bavard.

Il est en effet intéressant d'explorer qui rajoute son grain de sel lorsque vous voulez méditer. Qui observe ce qui est en train de se passer lorsque vous êtes énervé ou frustré? Quand êtes-vous conscient? Quand passez-vous en pilotage automatique et réagissez de manière mécanique, comme si vous étiez téléguidé?

Le Bouddhisme vous enseigne à interroger et à chercher dans votre propre intérieur afin de mieux apprendre à vous connaître. Plus vous identifiez vos propres défauts, plus vos jugements seront cléments envers autrui. Plus vous comprenez votre grandeur intérieure et la taille infinie de votre conscience, plus vous respecterez les autres. Vous serez étonnés du bonheur que vous offre un détachement croissant.

Dans « l'Ici et Maintenant » vous saluez de magnifiques fleurs sur le bord de la route. Des Hommes amicaux, des mouettes ricanant et des merles chantant vous font esquisser un sourire. Pouvoir aider quelqu'un vous rend heureux. La vie vous offre de nombreux présents. Vous devez en prendre conscience et être reconnaissant envers chaque individu. Beaucoup de bonheur potentiel réside dans la reconnaissance et la gratitude. Dans l'attention consciente réside une autre clé du bonheur. Vous vous sentez plus en vie lorsque vous êtes présent, avec tous vos sens au complet.

CHAPITRE 7
LA NOTION DE
«NATURE DE BOUDDHA»

Le Bouddhisme fait appel à une grande et profonde sagesse. Il existe différentes méthodes ainsi que diverses écoles et interprétations qui en découlent, et le Bouddhisme représente pour vous un outil très utile. Grâce à lui, vous pouvez redonner une ligne directrice aux aspects de votre vie que vous trouvez déséquilibré. Le Bouddhisme nous enseigne qu'en chacun de nous se trouve « La Nature de Bouddha ». Nous pouvons nous en souvenir chaque jour. Nous ne devons pas nous en inquiéter : elle fait partie de nous.

Si nous développons notre Nature de Bouddha, nous pouvons connaître une véritable révélation et devenir un Bouddha. Et il n'y a pas nécessairement besoin pour cela de se déclarer Bouddhiste et de jeter son ancienne religion au bûcher. Ce avec quoi l'on a grandi regorge de précieuse matière qui peut nous servir et nous rendre plus sage.

Chaque humain expérimente la frustration, la tristesse, la perte, la trahison, le chagrin d'amour et le plus grand désespoir. Souvent, nous nous laissons emporter par cela, et nous sommes émotionnellement « sous Terre ». En tant que Bouddhiste, on apprend à ne plus s'identifier autant à ses sentiments ou aux évènements. Souvenez-vous dans ces moments-là de votre « Nature de Bouddha ». Reconnaissez aussi peut-être le potentiel sentiment de joie qui réside en chaque moment. En effet, la joie et la tristesse ne s'excluent pas mutuellement. Elles se complètent et se renforcent l'une l'autre, comme la couleur blanche et la noire.

Vous pouvez être triste à cause de la mort récente de votre partenaire, et pour autant rire avec vos petits-enfants. Cela vous fait même du bien. La vie et la mort sont deux pans du même principe, tout comme vous et votre Nature de Bouddha. Chaque chose fait partie d'un grand tout. C'est de lui que tout provient et où tout retourne.

Exercice n°5

Lorsque vous êtes triste ou de mauvaise humeur, essayez de ne pas perdre votre sourire. Le sourire a vraiment une force particulière dont vous devriez vous servir à tout instant. Commencez à sourire dès le matin. Juste après vous être levé, positionnez-vous en face du miroir et regardez-vous simplement sourire chaleureusement pendant quelques secondes ! Cela peut sembler étrange, mais croyez-moi : cela fait véritablement des merveilles!

CHAPITRE 8
VIVRE PLUS HEUREUX A LONG TERME GRACE AU BOUDDHISME

La source d'un bonheur profond réside en nous-même. Soyez attentif à l'endroit où vous vous trouvez. Soyez conscient de chaque moment. Il est unique. Faites attention à votre respiration, vos pas, aux personnes que vous rencontrez, aux oiseaux qui volent près des nuages. Débarrassez-vous des illusions et de vos attentes préconçues. Soyez attentif au monde tel qu'il est. Le passé et le futur n'existent pas. Ils ne sont déjà plus qu'histoire ou souvenirs, ou alors encore rien qui ne serait réel. Ce que l'on vit effectivement, c'est uniquement ce moment. Ce moment extraordinaire, unique, est celui qui peut nous rendre heureux.

Le bonheur peut à tout moment circuler en nous, si nous nous y ouvrons. Le bonheur ne nécessite pas de biens matériels ou de confortables idées reçues. Ceux-ci se révèleront, à la fin, trompeurs. Soyez simplement entièrement là où vous êtes. Savourez consciemment chaque moment. Ouvrez-vous amicalement aux autres et vous en récolterez les fruits. Mangez lorsque vous en ressentez le besoin et utilisez alors tous vos sens afin d'apprécier cet instant.

Souvent, nos désirs nous envahissent et nous assujettissent. Nous fermons les yeux devant nos problèmes, manipulons les autres, tombons dans l'addiction ou fuyons. Lorsque prenons conscience de ce que nous ressentons ou faisons, devons-nous simplement l'accepter sans le remettre en cause? Vous pouvez analyser cela plus précisément puis prendre comme résolution de changer votre comportement dans le futur. Ne vous identifiez pas aux problèmes que vous avez reconnus. Dans les moments difficiles, prenez du temps pour vous. Pour apprendre à lâcher prise, il vous faut reconnaître votre vraie nature. Méditer vous y aidera. Reconnaissez votre état d'esprit, votre manière d'agir et vos habitudes de pensée.

La poursuite du bonheur passe, tout au long de sa vie, par une pleine conscience et un entraînement de l'esprit. Peu de choses arrivent en fait spontanément. La plupart sont en réalité des réactions conventionnelles, presque prédéfinies. Le concept de « Bonheur » développé par Bouddha nous enjoint à suivre des modèles de comportement plus sains.

Avec le temps, vous remarquerez des changements en vous-même dus à la méditation et l'entraînement spirituel. On ne juge plus aussi promptement, on s'énerve moins rapidement, on s'affole moins aussi. Le bouddhisme nous apprend à être plus attentifs, plus détendus. Chaque jour, nous devons travailler à changer nos comportements destructeurs.

C'est pour nous une chance de pouvoir travailler à cela. C'est un moyen d'envisager de meilleures perspectives, non seulement pour nous, mais également pour les autres. Bouddha disait : Accorde une grande importance aux états d'esprit éveillés, dont tu as pleine conscience, et laisse tomber les comportements qui ne le sont pas. Renforce ton empathie et ta Raison. Laisse de côté ta cupidité, tes désirs de vengeance, ta haine et ton envie. Et, tout simplement, tu vivras heureux.

Exercice n°6

Chaque jour, réservez-vous un instant de pause. Offrez-vous un moment intérieur, avec vous-même, et prenez conscience de votre existence. Abandonnez l'espace d'un instant votre train-train quotidien. Inspirez et expirez calmement et consciemment. Au cours de cette médiation silencieuse, souriez intérieurement et prenez conscience d'absolument tout ce qui vous entoure. Vous remarquerez à quel point cela entraine votre attention et votre pleine conscience.

CHAPITRE 9
CONTROLER SA PROPRE CONSCIENCE ET SON PROPRE SUBCONSCIENT

La question porte simplement sur la mesure dans laquelle nous sommes effectivement à chaque instant complètement conscients. Lorsque nous nous déplaçons durant la journée comme télécommandés par un pilote automatique, nous ne sommes pas très conscients. A travers la méditation, on apprend à être plus concentrés sur notre conscience et à développer une attention qui ne nous fatigue plus. Ces deux apprentissages forment la base de la psychologie Bouddhiste. Les exercices quotidiens permettent au méditant de passer d'un esprit qui pense à une complète conscience, et ils découvrent ainsi la paix, l'ouverture et le calme intérieur.

Dans le Bouddhisme, le degré de conscience se détermine par l'approche de notre potentiel de révélation. L'esprit qui pense catégorise, manipule, analyse, interprète et se projette en permanence. Il a été conditionné à cela afin de garantir notre survie dans les circonstances où nous avons vu le jour. La conscience, elle, est en revanche claire et pure. C'est un état sans aucune pensée, pour ainsi dire la « connaissance de la conscience elle-même ».

La conscience est universelle et nous en faisons partie. Notre ego est donc en aucun cas le seul qui nous dérange, même si cela semble souvent le cas. Afin de réussir à observer calmement tous les processus qui se déroulent dans son esprit, les personnes qui méditent s'élève au-dessus de l'influence de son ego. Elles savent reconnaître lorsque leurs esprits dépassent leurs simples egos auxquels ils s'identifient tant.

Le Bouddhisme nous enseigne que nous sommes des êtres de conscience abrités dans un corps. Reconnaître que notre ego nous empêche de développer une pleine conscience est un acte riche de conséquences.

La méditation est l'instrument le plus important pour apprendre l'art de la pleine conscience. A partir de là, la pratique de la méditation devient essentielle au bouddhiste. Ce n'est pas le simple savoir qui nous libère de nos attachements et de nos émotions. Cette libération promise par le Bouddhisme est surtout due aux expériences personnelles.

Il existe plusieurs formes de méditation que vous pouvez apprendre. La méditation sur la respiration est la plus connue d'entre toutes, et c'est généralement par elle qu'on commence. Apprenez à vous connaître en observant sur de longues périodes vos changements d'humeur. Au cours de la méditation, certaines choses inconscientes, subconscientes ou refoulées, des évènements oubliés du passé remontent à la surface et se manifestent. Nous en prenons note mais ne devons pas y réagir. Nous en prenons simplement conscience, sans s'y identifier. Cela permet de garder l'information quelques temps en nous, de continuer calmement à y réfléchir avant de prendre, ensuite, une décision. Dans l'idéal, il ne faut jamais réagir à chaud, de manière automatique, mais en pleine conscience. Ni votre égo ni vos névroses ne doivent décider pour vous. Cela doit réellement venir de vous-même, de votre conscience pure.

Plus vous vous exercez longtemps, plus vous comprendrez ce qui se passe dans votre esprit. Ce que vous aviez l'habitude de refouler dans un coin de votre esprit, observez-le désormais sciemment et expulsez-le définitivement. Vous comprenez en profondeur ce qu'il se passe et pouvez ainsi plus facilement prendre une décision qui va à l'encontre de ce que votre ego vous dicte.

Au contraire de notre conscience, notre esprit est limité. La conscience ne connait pas de bornes. L'esprit est comme une grande bibliothèque, ou une gigantesque banque de données dans laquelle sont sauvegardées toutes nos expériences, nos sentiments, nos souvenirs d'antan. Le rassemblement de nos données devient automatiquement un point de repère pour nos nouvelles expériences. Celles-ci sont en quelque sorte filtrées. Elles ne sont plus vécues comme telles qu'elles sont mais sont interprétées, triées, transformées en un souvenir immuable. Et pourtant, rien n'est immuable. Tout est perpétuellement soumis à des changements.

CHAPITRE 10
ASTUCES BOUDDHISTES POUR LA CONCENTRATION ET LA MEDITATION

Vous pouvez exercer votre concentration à tout moment et dans des situations de la vie quotidienne. Ici vous trouverez quelques exemples. Pour la méditation à propos de la concentration et de la prise de conscience, les conseils suivants sont toujours bons:

- vous devez prendre conscience de ce qui est
- vous devez observer tout ce qui est autour de vous sans jugement de valeur

- vous ne devez pas catégoriser ni juger ce que vous percevez
- il ne doit pas y avoir d'intentions cachées dans vos actes

Le cheminement bouddhiste n'a pas de durée prédéfinie ni de but précis, auquel on doit parvenir. On le suit juste tout au long de sa vie. Pour certains, cela peut durer des mois avant de sentir que sa méditation a franchi un certain cap. Cela peut offrir, non seulement une paix et un équilibre intérieur, mais également un outil important pour le développement de sa conscience. Si vous avez une conscience de vous-même sur de nombreux aspects, beaucoup de choses peuvent changer. Vous êtes calmes, vous vous sentez heureux et reconnaissants pour ce qui s'offre à vous.

Comme il l'a déjà été mentionné précédemment, la méditation et la pleine conscience jouent un rôle important dans l'apprentissage bouddhiste. C'est pourquoi ce chapitre est encore une fois explicitement dédié à l'entraînement à ces deux capacités... Essayez de mettre en pratique les exercices suivants et vous remarquerez à quel point cela vous fera du bien. Vous verrez le monde avec des yeux nouveaux.

Astuce n°1: La méditation en chemin

Vous marchez lentement en étant conscient de chacun de vos pas sur un chemin qui vous semble agréable comme un sentier forestier ou le long d'une plage. Faites le sans réfléchir. Vous sentez le sable entre vos orteils lorsque votre pied se pose, roule puis est élevé de nouveau au dessus du sol. Vous sentez le poids de vos hanches, la tension et la relaxation de vos muscles. Vous sentez le vent sur votre peau. Prêtez l'oreille au moindre petit bruit que vous percevez mais ne vous attardez pas dessus. Vous marchez lentement, sans poursuivre de but précis.

Être pleinement conscient lors de la marche signifie percevoir chaque moindre mouvement, chaque bruit et chaque changement qui a lieu au niveau du contact avec le sable. La méditation en marche nous relie avec ce moment. On se retrouve pleins de vitalité, totalement présent. La sensibilité n'est pas détruite mais concentrée. Elle est centrée sur ce que l'on fait à ce moment précis. Tout le reste est, l'espace d'un instant, sans importance. Grâce à cet exercice, vous allez vous rendre compte à quel point vous empruntez habituellement ce chemin sans y prêter la moindre attention, sans conscience au sens bouddhiste.

Astuce n°2: Exercice matinal au réveil

Pour cet exercice, restez quelque minutes allongés dans votre lit après vous être réveillé. Détendez-vous et gardez vos yeux ouverts. Soyez conscients de votre existence sans vouloir pour autant attaquer la journée. Sentez votre respiration. Envisagez le poids de votre corps, la chaleur de votre couette, la structure du matelas. Prenez comme résolution de commencer cette journée avec conscience et concentration. Aujourd'hui vous ne voulez pas vous laisser guider par votre esprit formaté, mais par votre conscience. Inspirez puis expirez profondément, puis, levez-vous.

Astuce n°3: Souviens toi d'être attentif

Attribuez à certains bruits que vous entendez au quotidien dans votre environnement le statut de "cloche de l'attention". Accordez à ces sons l'effet qu'ont les cloches d'églises. Lorsqu'elles sonnent, ou que votre cloche de l'attention sonne, souvenez-vous que vous voulez être attentifs. Ce moment vous invite à l'être. Soyez donc attentifs et conscients pour les moments suivants. Le moment actuel est présent. Celui juste avant appartient déjà au passé. Celui qui va venir n'est pas encore arrivé.

Astuce n°4 : Employez les activités du quotidien à la méditation

Récurer le parquet peut être l'occasion de méditer si on le fait de manière attentive et consciente. Les moines-zen balaient quotidiennement des chemins qu'ils parcourent en méditant. Utilisez quotidiennement une tâche qui est devenue une routine pour vous comme un exercice de concentration et de prise de conscience. Effectuez chaque geste avec attention. Appréciez impressions visuelles, les sensations, les perceptions de votre corps, toutes les petites choses qui se passent en périphérie. Sentez le couteau avec lequel vous coupez les oignons. Observez attentivement toutes les choses qui passent d'habitude inaperçues. Attardez-vous un moment et regardez tout ce qui se passe, calmement, sans avoir à faire d'efforts.

Astuce n°5: Ecoutez le silence

Allez dans un lieu en dehors de la ville (par exemple une forêt). Ecoutez avec attention le silence. Fermez les yeux et inspirez avec attention puis expirez. Prenez conscience de la diversité des bruits qui arrivent à vos oreilles. Combien d'entre eux aviez-vous déjà remarqués récemment? Combien d'entre eux entendez-vous quotidiennement?

CHAPITRE 11
REMERCIEMENTS

Pour finir, je voudrais encore vous remercier du fond du cœur, vous qui, par l'achat de ce guide, avez eu confiance en moi, en mon expérience et en mon travail.
Tout ce savoir, je l'ai acquis au fil des ans, et je fais mon possible pour le rendre aussi simple que compréhensible, afin qu'il puisse vous soutenir tout au long de votre vie.

J'espère que vous, personnellement, avez pu retirer quelque chose de ce guide, j'en suis conscient, court, mais qui révèle tout bien à point, et que grâce au contenu et aux conseils, vous réussirez à engager des changements positifs.

Je serais ravi de recevoir en retour, des commentaires et évaluations sur Amazon.
Je vous souhaite pour le futur tout ce qu'on peut souhaiter de bon et cela me réjouirait si mon expérience et mes conseils pouvaient vous aider.

De tout cœur,
Michel Lambert

DROIX LEGAUX

DiGi Generation
Rodensteinstr. 22
64625 Bensheim
Allemagne

Représentants légaux : Dr. Özgür Dagdelen, Torben Gebbert
Courrier électronique : hallo@digigeneration.de

Le contenu de ce livre a été étudié sur la base de sources reconnues et vérifié avec beaucoup de soin.

Néanmoins, DiGi Generation GbR n'assume aucune responsabilité pour l'actualité, l'exactitude et l'exhaustivité des informations fournies. Les prétentions en responsabilité contre l'auteur, qui concernent des dommages de nature physique, morale ou matérielle causés par l'utilisation ou la non-utilisation des informations fournies ou par l'utilisation d'informations incorrectes et incomplètes, sont exclues.

Ce livre ne remplace pas les conseils et le soutien médicaux et professionnels.

Printed by Amazon Italia Logistica S.r.l.
Torrazza Piemonte (TO), Italy

20522470R00034